寒山子詩集

〔唐〕釋寒山 撰

拾瑤叢書

文物出版社

圖書在版編目（CIP）數據

寒山子詩集 / (唐) 釋寒山撰. -- 北京 : 文物出版社, 2020.1
（拾瑶叢書 / 鄧占平主編）
ISBN 978-7-5010-6366-6

Ⅰ. ①寒… Ⅱ. ①釋… Ⅲ. ①唐詩 – 詩集 Ⅳ. ①I222.742

中國版本圖書館CIP數據核字(2019)第239182號

寒山子詩集 〔唐〕釋寒山　撰

主　　編：鄧占平
策　　劃：尚論聰　楊麗麗
責任編輯：李縉雲　李子裔
責任印製：梁秋卉

出版發行：文物出版社有限公司
社　　址：北京市東直門内北小街2號樓
郵　　編：100007
網　　址：http://www.wenwu.com
郵　　箱：web@wenwu.com
經　　銷：新華書店
印　　刷：藝堂印刷（天津）有限公司
開　　本：710mm × 1000mm　1/16
印　　張：8.25
版　　次：2020年1月第1版
印　　次：2020年1月第1次印刷
書　　號：ISBN 978-7-5010-6366-6
定　　價：70.00圓

前言

寒山子，唐代隱士，因長期隱居天臺縣西之寒岩幽穴中，故以『寒山』稱之，又稱『寒山子』『貧子』。傳説其爲文殊菩薩化身。因常至當地之國清寺，與寺中僧人豐干、拾得交往，寒山子好吟詩唱偈，其詩頗富哲理，《四庫全書總目提要》説『其詩有工語，有率語，有莊語，有諧語』。因此，唐代流傳着『家有寒山詩，勝汝看經卷。書放屏風上，時時看一遍』。宋代以來，寒山詩受到蘇軾、王安石、黄庭堅、朱熹和禪僧的青睞，和詩迭出。清人王士禛《居易録》云：寒山詩，詩家每稱其『鸚鵡花間弄，琵琶月下彈。長歌三月響，短舞萬人看』，謂其有唐調。其詩遠傳朝鮮、日本。

此次影印所據底本爲《四部叢刊》本。《四部叢刊》影印時所據《寒山子詩集》爲南宋初杭州刻本，楮墨精雅。《四部叢刊》本出版時此書藏於周叔弢先生處。書前有朝議大夫使持節台州軍事守刺史上柱國賜緋魚袋閭丘胤《寒山詩集序》，在叙述了寒山子的行迹及追謁岩穴送净衣、香藥而二人入穴不見踪影之後，謂：『乃令僧道翹尋其往日行狀，唯於竹木石壁書詩，并村墅人家廳壁上所書文句三百餘首，及拾得於土地堂壁上書言偈，并纂集成卷。』可知《寒山子詩集》及《拾得詩》，是在台州刺史閭丘胤指令下，由國清寺僧道翹所裒集編次。豐干則僅存房中壁上詩二首。所以此書宋時又名《三隱集》或《三聖集》。

《寒山子詩集》在《新唐書・藝文志》中入釋家，作七卷。此宋刻本則并爲一卷，且豐干、拾得詩別爲一卷，附於其後。此本前有閭丘胤序。此本過去一直著録爲『宋刻本』，今從徐忠、李椿、陳亨、章椿、董源、施昌等刻工名推斷此書應刻於南宋中葉之初；而此書『廓』字不避諱，表明刊刻時未到寧宗趙擴之世，故推斷此書可能刻於南宋光宗紹熙（一一九〇—一一九四）間。

宋刻《寒山子詩》僅存兩部，除《四部叢刊》本所據宋刻本外，日本内府宫内廳圖書寮另藏一部，據傅增湘先生鑒定，此周叔弢先生舊藏本内容齊全，而且刊刻時間較日本藏本稍早。

此宋刻《寒山子詩》爲一九一七年周叔弢先生在天津買得，爲周叔弢先生藏宋本之始，爲此他欣喜地命名其書齋爲『拾寒堂』，後來更名『寒在堂』，自此之後篤嗜收藏宋元本，頗富精品。周先生還特別注重影刻（印）所藏善本公之於衆，以便於學界利用。爲使這部珍貴的典籍廣爲流傳，一九二四年十二月，周叔弢先生乃斥資覆刊，覆刊之本，紙墨俱佳，刊刻極精。其中有幾部以舊存開化紙模印者，更是紙白如玉，墨凝如漆，堪稱傳統印刷工藝的標本。在一册建德周氏影刻宋本之後，周叔弢先生題寫了如下跋文：『此書原本楮墨精雅，其刊印時地無可考，以字體審之，當是南宋初杭州雕本。余於丁巳年（一九一七）十一月與宋紹興本《詩史提要》同得於天津。……因念《寒山子詩》世無善本，遂用西法攝影，付北京文楷模刻。』周叔弢先生亦對此部宋本的版本價值有所研究揭示，題識云：『頃取江陰繆氏影日本内府本對勘一過，日本内府宋本《寒山詩》缺七首，又缺「我法」二句，「道子」四句，「蓬扉」四句；《拾得詩》缺五首，詩中注語皆删削，不及此本之善，若字句异同則互有短長耳。』

《四部叢刊》影印《寒山子詩集》最先用的是高麗本，爲瞿氏鐵琴銅劍樓舊藏（現亦藏中國國家圖書館），黄丕烈所謂『外洋板刻』者。周叔弢以之與宋本互校，題識云：『《寒山詩》已分五言於七言之外，然詩中序次與此本正同，所據仍爲舊本。惟拾遺二首高麗本收於《拾得詩》後，且多「閑自訪高僧」一首，爲大异耳！』《四部叢刊》再版影印時便采用周叔弢先生藏宋本爲底本。不將私藏的圖書據爲己有，而是最大限度地發揮藏書的作用，體現了以周叔弢先生爲代表的私人藏家的人文精神和社會責任感。

此《四部叢刊》本所據之宋本在周先生收藏前曾爲毛氏汲古閣、清天禄琳瑯舊藏。有「汲古主人」「子晉」「毛晋私印」「天禄琳瑯」「天禄繼鑒」「乾隆御覽之寶」「太上皇帝之寶」「五福五代堂寶」「周暹」「曾在周叔弢處」等印記。一九五二年，周叔弢先生將其所藏珍貴善本七百餘部，化私爲公，無償捐獻給中國國家圖書館，此爲其中之一。

中國國家圖書館　陳紅彦

二〇一九年十月

寒山子詩

四部叢刊集部

上海涵芬樓借印
建德周氏景宋刻
本原書高營造尺
六寸寬四寸八分

寒山子詩集序

朝議大夫使持節台州諸軍事守刺史上柱國賜緋魚袋閭丘胤撰

詳夫寒山子者不知何許人也自古老見之皆謂貧人風狂之士隱居天台唐興縣西七十里號爲寒巖每於茲地時還國清寺寺有拾得知食堂尋常收貯餘殘菜滓於竹筒内寒山若來即負而去或長廊徐行叫喚快活獨言獨笑時僧遂捉罵打趁乃駐立撫掌呵呵大笑良久而去且狀如貧子形貌枯悴一言一氣理合其意沉而思之隱況道情凡所啓言洞該玄默乃樺皮爲冠布裘破弊木屐履地是故至人遯迹同

類化物或長廊唱詠唯言咄哉咄哉三界輪廻或於村墅與牧牛子而歌笑或逆或順自樂其性非哲者安可識之矣胤頃受丹丘薄宦臨途之日乃縈頭痛遂召日者醫治轉重乃遇一禪師名豐干言從天台山國清寺來特此相訪乃命救疾師乃舒容而笑曰身居四大病從幻生若欲除之應須淨水時乃持淨水上師師乃噀之須臾祛殄乃謂胤曰台州海島嵐毒到日必須保護胤乃問曰未審彼地當有何賢堪爲師仰師曰見之不識識之不見若欲見之不得取相廼可見之寒山文殊遯迹國清拾得普賢狀

如貧子又似風狂或去或來在國清寺庫院走使廚中著火言訖辭去胤乃進途至任台州不忘其事到任三日後親往寺院躬問禪宿果合師言乃令勘唐興縣有寒山拾得已否時縣申稱當縣界西七十里內有一巖巖中古老見有貧士頻往國清寺止宿寺庫中有一行者名曰拾得胤乃特往禮拜到國清寺乃問寺衆此寺先有豐干禪師院在何處并拾得寒山子見在何處時僧道翹荅曰豐干禪師院在經藏後即今無人住得每有一虎時來此吼寒山拾得二人見在廚中僧引胤至豐干禪師院乃開房唯

見虎迹乃問僧寳德道翹禪師在日有何行業
僧曰豐干在日唯攻舂米供養夜乃唱歌自樂
遂至厨中竈前見二人向火大笑胤便禮拜二
人連聲喝胤自相把手呵呵大笑叫喚乃云豐
干饒舌饒舌彌陁不識禮我何爲僧徒奔集遞
相驚訝何故尊官禮二貧士時二人乃把手走
出寺乃令逐之急走而去即歸寒巖胤乃重問
僧曰此二人肯止此寺否乃令覔房喚歸寺安
置胤乃歸郡遂製淨衣二對香藥等特送供養
時二人更不返寺使乃就巖送上而見寒山子
乃高聲唱曰賊賊退入巖穴乃云報汝諸人各

各努力入穴而去其穴自合莫可追之其拾得迹沈無所乃令僧道翹尋其往日行狀唯於竹木石壁書詩并村墅人家廳壁上所書文句三百餘首及拾得於土地堂壁上書言偈並纂集成卷但以棲心佛理幸逢道人乃為讚曰

菩薩遯迹　示同貧士　獨居寒山
自樂其志　貌悴形枯　布裘弊止
出言成章　諦實至理　凡人不測
謂風狂子　時來天台　入國清寺
徐步長廊　呵呵撫指　或走或立
喃喃獨語　所食廚中　殘飯菜滓

吟偈悲哀　僧俗咄捶　都不動搖
時人自耻　作用自在　凡愚難值
即出一言　頓祛塵累　是故國清
圖寫儀軌　永劫供養　長爲弟子
昔居寒山　時來茲地　稽首文殊
寒山之士　南無普賢　拾得定是
聊申讚歎　願超生死

寒山詩

凡讀我詩者心中須護淨慳貪繼日廉諂曲登時正驅遣除悪業歸依受真性今日得佛身急急如律令

重巖我卜居鳥道絕人迹庭際何所有白雲抱幽石住茲凡幾年屢見春冬易寄語鍾鼎家虛名定無益

可笑寒山道而無車馬蹤聯谿難記曲疊嶂不知重泣露千般草吟風一樣松此時迷徑處形問影何從

吾家好隱淪居處絕囂塵踐草成三徑瞻雲作

四鄰助歌聲有鳥問法語無人今日娑婆樹幾
年爲一春

琴書須自隨禄位用何爲投輦從賢婦巾車有
孝兒風吹曝麥地水溢沃魚池常念鷦鷯鳥安
身在一枝

弟兄同五郡父子本三州欲驗飛鳧集須旌白
兎遊靈瓜夢裏受神橘座中收鄉國何迢遞同
魚寄水流

一爲書劒客二遇聖明君東守文不賞西征武
不勳學文兼學武學武兼學文今日既老矣餘
何不足云

莊子説送終天地爲棺槨吾歸此有時唯須一
番箔死將餧青蠅吊不勞白鶴餓著首陽山生
廉死亦樂

人問寒山道寒山路不通夏天冰未釋日出霧
朦朧似我何由届與君心不同君心若似我還
得到其中

天生百尺樹翦作長條木可惜棟梁材抛之在
幽谷年多心尚勁日乆皮漸秃識者取將來猶
堪柱馬屋

驅馬度荒城荒城動客情高低舊雉堞大小古
墳塋自振孤蓬影長凝拱木聲所嗟皆俗骨仙

史更無名

鸚鵡宅西國虞羅捕得歸美人朝夕弄出入在庭幃賜以金籠貯扃哉損羽衣不如鴻與鶴颻颺入雲飛

玉堂掛珠簾中有嬋娟子其貌勝神仙容華若桃李東家春霧合西舍秋風起更過三十年還成苷蔗滓

城中娥眉女珠珮珂珊珊鸚鵡花前弄琵琶月下彈長歌三月響短舞萬人看未必長如此芙蓉不耐寒

父母續經多田園不羨他婦搖機軋軋兒弄口

⿰口過⿰口過拍手催花舞搘頤聽鳥歌誰當來歎賀樵
客屢經過

家住綠巖下庭蕪更不芟新藤垂繚繞古石豎
巉嵒山果獼猴摘池魚白鷺啣仙書一兩卷樹
下讀喃喃

四時無止息年去又年來萬物有代謝九天無
朽摧東明又西暗花落復花開唯有黄泉客冥
冥去不迴

歲去換愁年春來物色鮮山花笑淥水巖岫舞
青煙蜂蝶自云樂禽魚更可憐朋遊情未已徹
曉不能眠

手筆大縱横身才極瓌瑋生爲有限身死作無
名鬼自古如此多君今爭柰何可來白雲裏教
爾紫芝歌

欲得安身處寒山可長保微風吹幽松近聽聲
逾好下有斑白人喃喃讀黄老十年歸不得忘
却來時道

俊傑馬上郎揮鞭指柳楊謂言無死日終不作
梯航四運花自好一朝成萎黄醍醐與石蜜至
死不能嘗

有一餐霞子其居諱俗遊論時實蕭爽在夏亦
如秋幽澗常瀝瀝高松風颼颼其中半日坐忘

却百年愁
妾在邯鄲住歌聲亦抑揚賴我安居處此曲舊
來長既醉莫言歸留連日未央兒家寢宿處繡
被滿銀牀
快搒三翼舟善乘千里馬莫能造我家謂言最
幽野巖岫深嶂中雲雷竟日下自非孔丘公無
能相救者
智者君抛我愚者我抛君非愚亦非智從此斷
相聞入夜歌明月侵晨舞白雲焉能拱口手端
坐鬢紛紛
有鳥五色彣棲桐食竹實徐動合禮儀和鳴中

音律昨來何以至爲吾暫時出儻聞絃歌聲作
舞欣今日

茅棟野人居門前車馬踈林幽偏聚鳥谿闊本
藏魚山果攜兒摘皋田共婦鋤家中何所有唯
有一牀書

登陟寒山道寒山路不窮谿長石磊磊澗闊草
濛濛苔滑非關雨松鳴不假風誰能超世累共
坐白雲中

六極常嬰困九維徒自論有才遺草澤無藝閉
蓬門日上巖猶暗煙消谷裏昏其中長者子箇
箇揔無裩

白雲高嵯峨淥水蕩潭波此處聞漁父時時皷
棹歌聲聲不可聽令我愁思多誰謂雀無角其
如穿屋何

杳杳寒山道落落冷澗濵啾啾常有鳥寂寂更
無人磧磧風吹面紛紛雪積身朝朝不見日歲
歲不知春

少年何所愁愁見鬢毛白白更何所愁愁見日
逼迫移向東岱居配守北邙宅何忍出此言此
言傷老客

聞道愁難遣斯言謂不眞昨朝曾趂却今日又
纏身月盡愁難盡年新愁更新誰知席帽下元

是昔愁人
两龜乘犢車驀出路頭戲一蟲從傍來苦死欲
求寄不載奕人情始載被沈累彈指不可論行
恩却遭刺
三月蠶猶小女人來采花隈牆弄蝴蝶臨水擲
蝦蟆羅袖盛梅子金鐶挑筍芽鬬論多物色此
地勝余家
東家一老婆富來三五年昔日貧於我今笑我
無錢渠笑我在後我笑渠在前相笑儻不止東
邊復西邊
富兒多鞅掌觸事難祇承倉米已赫赤不貸人

斗升轉懷鉤距意買絹先揀綾若至臨終日吊
客有蒼蠅
余曾昔覩聰明士博達英靈無比倫一選嘉名
喧宇宙五言詩句越諸人爲官治化超先輩直
爲無能繼後塵忽然富貴貪財色瓦解冰消不
可陳
白鶴嗡苦桃千里作一息欲往蓬萊山將此充
糧食未達毛摧落離群心慘惻却歸舊來巢妻
子不相識
慣居幽隱處乍向國清來時訪豐干道仍來看
拾公獨迴上寒巖無人話合同尋究無源水源

窮水不窮

生前大愚癡不爲今日悟今日如許貧揔是前生作今日又不修來生還如故兩岸各無船渺渺難濟渡

璨璨盧家女舊來名莫愁貪乗摘花馬樂搒采蓮舟膝坐緑熊席身披青鳳裘哀傷百年内不免歸山丘

低眼鄒公妻邯鄲杜生母二人同老少一種好面首昨日會客場惡衣排在後只爲著破裙喫他殘䴺䴻上蒲口切 下郎斗切

獨卧重巖下蒸雲晝不消室中雖暡靉心裏絶

喧鬧夢去遊金闕魂歸度石橋抛除鬧我者歷歷樹間瓢

夫物有所用用之各有宜用之若失所一缺復一虧圓鑿而方枘悲哉空爾爲驊騮將捕鼠不及跛猫兒

誰家長不死死事舊來均始憶八尺漢俄成一聚塵黄泉無曉日青草有時春行到傷心處松風愁殺人

騮馬珊瑚鞭驅馳洛陽道自矜美少年不信有衰老白髮會應生紅顔豈長保但看北邙山箇是蓬萊島

竟日常如醉流年不暫停埋著蓬蒿下曉月何
冥冥骨肉消散盡魂魄幾凋零遮莫齩鐵口無
因讀老經
一向寒山坐淹留三十年昨來訪親友太半入
黄泉漸減如殘燭長流似逝川今朝對孤影不
覺淚雙懸
相喚採芙蓉可憐清江裏游戲不覺暮屢見狂
風起浪棒鴛鴦兒波搖鸂鶒子此時居舟楫浩
蕩情無巳
吾心似秋月碧潭清皎潔無物堪比倫教我如
何説

垂柳暗如煙飛花飄似霰夫居離婦州婦住思
夫縣各在天一涯何時得相見寄語明月樓莫
貯雙飛鸞

有酒相招飲有肉相呼喫黃泉前後人少壯須
努力玉帶暫時華金釵非久飾張翁與鄭婆一
去無消息

可憐好丈夫身體極稜稜春秋未三十才藝百
般能金羈逐俠客玉饌集良朋唯有一般惡不
傳無盡燈

桃花欲經夏風月催不待訪覓漢時人能無一
箇在朝朝花遷落歲歲人移改今日揚塵處昔

時爲大海

我見東家女年可有十八西舍競來問願姻夫妻活烹羊煑衆命聚頭作婬殺含笑樂呵呵啼哭受殃抉

田舍多桑園牛犢滿廄轍肯信有因果頑皮早晚裂眼看消磨盡當頭各自活紙袴瓦作裩到頭凍餓殺

我見百十狗箇箇毛鬡鬡卧者渠自卧行者渠自行投之一塊骨相與啀喍（上牛皆切 下士皆切）爭良由爲骨少狗多分不平

極目兮長望白雲四茫茫鴟鵶飽腲腇鸞鳳飢

徬徨駿馬放石磧蹇驢能至堂天高不可問鷦
鵁在滄浪
洛陽多女兒春日逞華麗共折路邊花各持插
高髻髻高花匼匝人見皆睥睨別求醪醪憐將
歸見夫聟
春女衒容儀相將南陌陲看花愁日晚隱樹怕
風吹年少從傍來白馬黃金羈何須久相弄兒
家夫聟知
羣女戲夕陽風來滿路香綴裙金蛺蝶插髻玉
鴛鴦角婢紅羅縝閹奴紫錦裳爲觀失道者鬢
白心惶惶

若人逢鬼魅第一莫驚懅捺硬莫采渠呼名自當去燒香請佛力禮拜求僧助蚊子叮鐵牛無渠下觜處

浩浩黃河水東流長不息悠悠不見清人人壽有極苟欲乘白雲曷由生羽翼唯當鬒髮時行住須努力

乘玆朽木船采彼紝婆子（紝音壬佛經西國苦樹名其子根枝俱苦喻衆生之惡）行至大海中波濤復不止唯賫一宿糧去岸三千里煩惱從何生愁哉緣苦起

默默永無言後生何所述隱居在林藪智日何由出枯槁非堅衛風霜成夭疾土牛耕石田未

有得稻日
山中何太冷自古非今年沓嶂恒凝雪幽林每
吐煙草生芒種後葉落立秋前此有沈迷客窺
窺不見天
山客心悄悄常嗟歲序遷辛勤采芝术披斥詎
成仙庭廓雲初卷林明月正圓不歸何所爲桂
樹相留連
有人坐山楹雲卷兮霞瓔秉芳兮欲寄路漫漫
難征心惆悵狐疑年老已無成衆喔咿斯蹇獨
立兮忠貞
豬喫死人肉人喫死豬腸豬不嫌人臭人返道

豬香豬死拋水內人死掘土藏彼此莫相噉蓮花生沸湯

快哉混沌身不飯復不尿遭得誰鑽鑿因茲立九竅朝朝爲衣食歲歲愁租調千箇爭一錢聚頭亡命叫

啼哭緣何事淚如珠子顆應當有別離復是遭喪禍所爲在貧窮未能了因果冢間瞻死屍六道不干我

婦女慵經織男夫懶耨田輕浮耽挾彈跕躧上都蹀他協二切跕屣也下所倚所買二切舞履也拈抹絃凍骨衣應急充腸食在先今誰念於汝苦痛哭蒼天

不行眞正道隨邪號行婆口慙神佛少心懷嫉
妬多背後噇魚肉人前念佛陁如此修身處難
應避柰何

世有一等愚茫茫恰似驢還解人言語貪婬狀
若豬險巇難可測實語却成虛誰能共伊語令
教莫此居

有漢姓傲慢名貪字不廉一身無所解百事被
他嫌死惡黃連苦生憐白蜜甜喫魚猶未止食
肉更無猒

縱你居犀角饒君帶虎睛桃枝將辟穢蒜殼取
爲瓔暖腹茱萸酒空心枸杞羹終歸不免死浪

自覓長生
卜擇幽居地天台更莫言猨啼谿霧冷嶽色草
門連折葉覆松室開池引澗泉已甘休萬事采
蕨度殘年
益者益其精可名爲有益易者易其形是名之
有易能益復能易當得上仙籍無益復無易終
不免死厄
徒勞說三史浪自看五經泊老撿黃籍依前住
白丁筮遭連蹇卦生主虛危星不及河邊樹年
年一度青
碧澗泉水清寒山月華白默知神自明觀空境

逾寂
我今有一襦非羅復非綺借問作何色不紅亦不紫夏天將作衫冬天將作被冬夏遞互用長年只這是

白拂栴檀柄馨香竟日聞柔和如卷霧搖拽似行雲禮奉宜當暑高提復去塵時時方丈內將用指迷人

貪愛有人求快活不知禍在百年身但看陽燄浮漚水便覺無常敗壞人丈夫志氣直如鐵無曲心中道自貞行密節高霜下竹方知不枉用心神

多少般數人百計求名利心貪覓榮華經營圖
富貴心未片時歇奔突如煙氣家眷實團圓一
呼百諾至不過七十秊冰消瓦解置死了萬事
休誰人承後嗣水浸泥彈丸方知無意智

貪人好聚財恰如梟愛子子大而食母財多還
害已散之即福生聚之即禍起無財亦無禍鼓
翼青雲裏

去家一萬里提劍擊匈奴得利渠即死失利汝
即殂渠命既不惜汝命有何辜教汝百勝術不
貪爲上謀

瞋是心中火能燒功德林欲行菩薩道忍辱護

眞心
汝爲埋頭癡兀兀愛向無明羅刹窟再三勸你
早修行是你頑癡心恍惚不肯信受寒山語轉
轉倍加業汨汨直待斬首作兩段方知自身奴
賊物
惡趣甚茫茫冥冥無日光人間八百歲未抵半
宵長此等諸癡子論情甚可傷勸君求出離認
取法中王
世有多解人愚癡徒苦辛不求當來善唯知造
惡因五逆十惡輩三毒以爲親一死入地獄長
如鎮庫銀

天高高不窮地厚厚無極動物在其中憑兹造化力爭頭覓飽暖作計相噉食因果都未詳盲兒問乳色

天下幾種人論時色數有賈婆如許夫黃老元無婦衛氏兒可憐鐘家女極醜渠若向西行我便東邊走

賢士不貪婪癡人好鑪冶麥地占他家竹園皆我者努膊覓錢財切齒驅奴馬須看郭門外壘壘松栢下

嗔嗔買魚肉擔歸餧妻子何須殺他命將來活汝己此非天堂緣純是地獄滓徐六語破堆始

知没道理
有人把椿樹喚作白栴檀學道多沙數幾箇得
泥丸棄金却擔草謾他亦自謾似聚砂一處成
團也大難
烝砂擬作飯臨渴始掘井用力磨碌甎那堪將
作鏡佛說元平等揔有眞如性但自審思量不
用閑爭競
推尋世間事子細揔皆知凡事莫容易盡愛討
便宜護即弊成好毀即是成非故知雜濫口背
面揔由伊冷暖我自量不信奴脣皮
蹭蹬諸貧士飢寒成至極閑居好作詩札札用

心力賤他言孰采勸君休歎息題安餬䴵上乞
狗也不喫
欲識生死辟且將冰水比水結即成冰冰消返
成水已死必應生出生還復死冰水不相傷生
死還雙美
尋思少年日遊獵向平陵國使職非願神仙未
足稱聯翩騎白馬喝兎放蒼鷹不覺大流落皤
皤誰見矜
偃息深林下從生是農夫立身既質直出語無
諂諛保我不鑒辟信君方得珠焉能同汎灩極
目波上鳧

不須攻人惡何用伐己善行之則可行卷之則
可卷祿厚憂積大言深慮交淺聞茲若念茲小
子當自見
富兒會高堂華燈何煒煌此時無燭者心願處
其傍不意遭排遣還歸暗處藏益人明詎損頓
訝惜餘光
世有聰明士勤苦探幽文三端自孤立六藝越
諸君神氣卓然異精彩超衆羣不識箇中意逐
境亂紛紛
層層山水秀煙霞鎖翠微嵐拂紗巾濕露霑蓑
草衣足躡遊方履手執古藤枝更觀塵世外夢

境復何爲
滿卷才子詩溢壺聖人酒行愛觀牛犢坐不離
左右霜露入茅簷月華明甃牖此時吸兩甌吟
詩五百首
施家有兩兒以藝干齊楚文武各自備託身爲
得所孟公問其術我子親教汝秦衛兩不成失
時成齟齬
止宿鴛鴦鳥一雄兼一雌銜花相共食刷羽每
相隨戲入煙霄裏宿歸沙岸湄自憐生處樂不
奪鳳凰池
或有衒行人才藝過周孔見罷頭兀兀看時身

侗侗繩牽未肯行錐刺猶不動恰似羊公鶴可
憐生氃氋上徒紅切下名孔切

少小帶經鋤本將兄共居緣遭他輩責剩被自
妻踈拋絶紅塵境常遊好閱書誰能借斗水活
取轍中魚

變化計無窮生死竟不止三途鳥雀身五嶽龍
魚已世濁作羝羺上女奚切下奴溝切胡羊也時清爲騄駬前
迴是富兒今度成貧士

書判全非弱嫌身不得官銓曹被拗折洗垢覓
瘡瘢必也關天命今冬更試看盲兒射雀目偶
中亦非難

貧驢欠一尺富狗剩三寸若分貧不平中半富
與困始取驢飽足却令狗飢頓爲汝熟思量令
我也愁悶
柳郎八十二藍嫂一十八夫妻共百年相憐情
狡猾弄璋字烏觥擲瓦名婠妠上一丸切下奴荅切屢見枯
楊荑常遭青女殺
大有飢寒客生將獸魚殊長存磨石下時哭路
邊隅累日空思飯經冬不識襦唯齎一束草并
帶五升麩
赫赫誰甗肆其酒甚濃厚可憐高幡幟極目平
升斗何意訝不售其家多猛狗童子欲來沽狗

齩便是走
吁嗟濁濫處羅刹共賢人謂是等流類焉知道
不親狐假師子勢詐妄却稱珍鉛礦入鑪冶方
知金不眞
田家避暑月斗酒共誰歡雜雜排山果疎疎圍
酒罇蘆葦將代席蕉葉且充盤醉後搘頤坐須
彌小彈丸
箇是何措大時來省南院年可三十餘曾經四
五選囊裏無青蚨篋中有黃絹行到食店前不
敢暫迴面
爲人常喫用愛意須慳惜老去不自由漸被他

排斥送向荒山頭一生願虛擲亡羊罷補穿失意終無極

浪造凌霄閣虛登百尺樓養生仍夭命誘讀詎封侯不用從黄口何須猒白頭未能端似箭且莫曲如鈎

雲山疊疊連天碧路僻林深無客遊遠望孤蟾明皎皎近聞羣鳥語啾啾老夫獨坐棲青嶂少室閑居任白頭可歎往年與今日無心還似水東流

富貴踈親聚只爲多錢米貧賤骨肉離非關少兄弟急須歸去來招賢閣未啓浪行朱雀街踏

破皮鞋底

我見一癡漢仍居三兩婦養得八九兒摠是隨宜手丁防是新差資財非舊有黄蘗作驢鞦始知苦在後

新穀尚未熟舊穀今已無就貸一斗許門外立踟躕夫出教問婦婦出遣問夫慳惜不救乏財多爲累愚

大有好笑事略陳三五箇張公富奢華孟子貧轗軻只取侏儒飽不憐方朔餓巴歌唱者多白雪無人和

老翁娶少婦髮白婦不耐老婆嫁少夫面黄夫

不愛老翁娶老婆一一無棄背少婦嫁少夫兩
兩相憐態
雍容美少年博覽諸經史盡號曰先生皆稱爲
學士未能得官職不解秉耒耜冬披破布衫蓋
是書誤己
鳥語情不堪其時卧草庵櫻桃紅爍爍楊柳正
毿毿旭日銜青嶂晴雲洗渌潭誰知出塵俗馭
上寒山南
昨日何悠悠場中可憐許上爲桃李徑下作蘭
蓀渚復有綺羅人舍中翠毛羽相逢欲相喚脈
脈不能語

丈夫莫守困無錢須經紀養得一牸牛生得五犢子犢子又生兒積數無窮已寄語陶朱公富與君相似

之子何惶惶卜居須自審南方瘴癘多北地風霜甚荒陬不可居毒川難可飲䰟兮歸去來食我家園葚

昨夜夢還家見婦機中織駐梭如有思擎梭似無力呼之迴面視況復不相識應是別多年鬢毛非舊色

人生不滿百常懷千載憂自身病始可又爲子孫愁下視禾根下上看桑樹頭秤鎚落東海到

底始知休

世有一等流悠悠似木頭出語無知解云我百不憂問道道不會問佛佛不求子細推尋著茫然一場愁

董郎年少時出入帝京裏衫作嫩鵝黃容儀畫相似常騎踏雪馬拂拂紅塵起觀者滿路傍箇是誰家子

箇是誰家子爲人大被憎癡心常憒憒肉眼醉瞢瞢見佛不禮佛逢僧不施僧唯知打大臠除此百無能

人以身爲本本以心爲柄本在心莫邪心邪喪

本命未能免此殃何言懶照鏡不念金剛經却
令菩薩病
城北仲家翁渠家多酒肉仲翁婦死時吊客滿
堂屋仲翁自身亡能無一人哭喫他盃臠者何
太冷心腹
下愚讀我詩不解却嗤誚中庸讀我詩思量云
甚要上賢讀我詩把著滿面笑楊脩見幼婦一
覽便知妙
自有慳惜人我非慳惜輩衣單爲舞穿酒盡緣
歌啐當取一腹飽莫令兩脚儽蓬蒿鑽髑髏此
日君應悔

我行經古墳涙盡嗟存沒塚破墜黃腸棺穿露白骨欹斜有瓮缾振撥無簪笏風至攬其中灰塵亂坲坲

夕陽赫西山草木光曄曄復有朦朧處松蘿相連接此中多伏虎見我奮迅鬣手中無寸刃爭不懼懾懾

出身既擾擾世事非一狀未能捨流俗所以相追訪昨弔徐五死今送劉三葬終日不得閑爲此心悽愴

有樂且須樂時哉不可失雖云一百年豈滿三萬日寄世是須臾論錢莫啾唧孝經末後章委

曲陳情畢

獨坐常忽忽情懷何悠悠山腰雲縵縵谷口風颼颼猨來樹嫋嫋鳥入林啾啾時催鬢颯颯歲盡老惆惆

一人好頭肚六藝盡皆通南見驅歸北西逢趁向東長漂如汎萍不息似飛蓬問是何等色姓貧名曰窮

他賢君即受不賢君莫與君賢他見容不賢他亦拒嘉善矜不能仁徒方得所勸逐子張言拋却卜商語

俗薄眞成薄人心箇不同殿翁笑柳老柳老笑

啓翁何故兩相笑俱行譣詖中裝車競嵽嵲翻
載各瀧涷
是我有錢日恒爲汝貸將汝今旣飽暖見我不
分張須憶汝欲得似我今承望有無更代事勸
汝熟思量
人生一百年佛說十二部慈悲如野鹿瞋忿似
家狗家狗趂不去野鹿常好走欲伏獼猴心須
聽師子吼
教汝數般事思量知我賢極貧忍賣屋纔富須
買田空腹不得走枕頭須莫眠此言期衆見挂
在日東邊

寒山多幽奇登者皆恒懾月照水澄澄風吹草
獵獵凋梅雪作花杌木雲充葉觸雨轉鮮靈非
晴不可涉

有樹先林生計年逾一倍根遭陵谷變葉被風
霜改咸笑外凋零不憐内紋綵皮膚脫落盡唯
有貞實在

寒山有躶蟲身白而頭黑手把兩卷書一道將
一德住不安釜竈行不齎衣裓常持智慧劒擬
破煩惱賊

有人畏白首不肯捨朱紱采藥空求仙根苗亂
挑掘數年無効驗癡意瞋怫鬱獵師披袈裟元

非汝使物

昔時可可貧今朝最貧凍作事不諧和觸途成倥偬行泥屢脚屈坐社頻腹痛失却斑猫兒老鼠圍飯瓮

我見世間人堂堂好儀相不報父母恩方寸底摸様欠負他人錢蹄穿始惆悵箇箇惜妻兒爺孃不供養兄弟似冤家心中常悵快憶昔少年時求神願成長今爲不孝子世間多此樣買肉自家噇抹觜道我暢自逞說嘍羅聰明無益當牛頭努目瞋出去始時歸擇佛燒好香揀僧歸供養羅漢門前乞趂却閉和尚不悟無爲人從

來無相狀封疏請名僧䞋錢兩三樣雲光好法
師安角在頭上汝無平等心聖賢俱不降凡聖
皆混然勸君休取相我法妙難思天龍盡迴向

我今稽首禮無上法中王慈悲大喜捨名稱滿
十方衆生作依怙智慧身金剛頂禮無所著我
師大法王

可貴天然物獨一無伴侶覓他不可見出入無
門戶促之在方寸延之一切處你若不信受相
逢不相遇

余家有一窟窟中無一物淨潔空堂堂光華明
日日蔬食養微軀布裘遮幻質任你千聖現我

有天眞佛

男兒大丈夫作事莫莽鹵勁挺鐵石心直取菩提路邪路不用行行之枉辛苦不要求佛果識取心王主

粵自居寒山曾經幾萬載任運遯林泉棲遲觀自在寒巖人不到白雲常靉靆細草作臥褥青天爲被蓋快活枕石頭天地任變改

可重是寒山白雲常自閑猨啼暢道內虎嘯出人間獨步石可履孤吟藤好攀松風清颯颯鳥語聲喧喧

閑自訪高僧煙山萬萬層師親指歸路月掛一

輪燈
閑遊華頂上日朗晝光輝四顧晴空裏白雲同
鶴飛
世有多事人廣學諸知見不識本真性與道轉
懸遠若能明實相豈用陳虛願一念了自心開
佛之知見
寒山有一宅宅中無闌隔六門左右通堂中見
天碧房房虛索索東壁打西壁其中一物無免
被人來借寒到燒輭火飢來煮菜喫不學田舍
翁廣置牛莊宅盡作地獄業一入何曾極好好
善思量思量知軌則

儂家暫下山入到城隍裏逢見一羣女端正容
貌美頭戴蜀樣花燕脂塗粉膩金釧鏤銀朶羅
衣緋紅紫朱顏類神仙香帶氛氲氣時人皆顧
眄癡愛染心意謂言世無雙魂影隨他去狗齩
枯骨頭虛自舐脣齒不解返思量與畜何曾異
今成白髮婆老陋若精魅無始由狗心不超解
脫地

一自遯寒山養命餐山果平生何所憂此世隨
緣過日月如逝川光陰石中火任你天地移我
暢巖中坐

我見世間人茫茫走路塵不知此中事將何爲

去津榮華能幾日眷屬片時親縱有千斤金不
如林下貧
自聞梁朝日四依諸賢士寶志萬迴師四仙傅
大士顯揚一代教作時如來使造建僧伽藍信
心歸佛理雖乃得如斯有爲多患累與道殊懸
遠折西補東爾不達無爲功損多益少利有聲
而無形至今何處去
吁嗟貧復病爲人絕友親甕裏長無飯甑中屢
生塵蓬庵不免雨漏榻劣容身莫怪今憔悴多
愁定損人
養女畏太多已生須訓誘捺頭遣小心鞭背令

緘口未解乘機杼那堪事箕箒張婆語驢駒汝大不如母

秉志不可卷須知我匪席浪造山林中獨卧盤陁石辯士來勸余速令受金璧鑿牆植蓬蒿若此非有益

以我棲遅處幽深難可論無風蘿自動不霧竹長昏澗水緣誰咽山雲忽自屯午時庵内坐始覺日頭暾

憶昔遇逢處人間逐勝遊樂山登萬仞愛水汎千舟送客琵琶谷攜琴鸚鵡洲焉知松樹下抱膝冷颼颼

報汝修道者進求虛勞神人有精靈物無字復
無文呼時歷歷應隱處不居存叮嚀善保護勿
令有點痕
去年春鳥鳴此時思弟兄今年秋菊爛此時思
發生渌水千場咽黃雲四面平哀哉百年内腸
斷憶咸京
多少天台人不識寒山子莫知真意度喚作閑
言語
一住寒山萬事休更無雜念挂心頭閑書石壁
題詩句任運還同不繫舟
可惜百年屋左倒右復傾牆壁分散盡木植亂

差橫瓢瓦片片落朽爛不堪停狂風吹驀榻再
豎卒難成
精神殊奕奕形貌極堂堂能射穿七扎讀書覽
五行經眠虎頭枕昔坐象牙牀若無一堵物不
啻冷如霜
笑我田舍兒頭頻底縶澁巾子未曾高罥帶長
時急非是不及時無錢趂不及一日有錢財浮
圖頂上立
買肉血[illegible][illegible]買魚跳鱍鱍君身招罪累妻子成
快活纔死渠便嫁他人誰敢遏一朝如破牀兩
箇當頭脫

客難寒山子君詩無道理吾觀乎古人貧賤不
爲恥應之笑此言談何疎闊矣願君似今日錢
是急事爾
從生不往來至死無仁義言既有枝葉心懷便
險詖若其開小道緣此生大僞詐說造雲梯削
之成棘刺
一餅鑄金成一餅埏泥出二餅任君看那箇餅
牢實欲知餅有二須知業非一將此驗生因修
行在今日
摧殘荒草廬其中煙火蔚借問羣小兒生來凡
幾日門外有三車迎之不肯出飽食腹膨脝箇

是癡頑物
有身與無身是我復非我如此審思量遷延倚
巖坐足間青草生頂上紅塵墮已見俗中人靈
牀施酒果
昨見河邊樹摧殘不可論二三餘榦在千萬斧
刀痕霜凋萎踈葉波衝枯朽根生處當如此何
用怨乾坤
余見僧繇性希奇巧妙間生梁朝時道子飄然
爲殊特二公善繪手毫揮逞畫圖真意氣異龍
行鬼走神巍巍饒遨虛空寫塵跡無因畫得志
公師

久住寒山凡幾秋獨吟歌曲絕無憂蓬扉不掩常幽寂泉涌甘漿長自流石室地鑪砂鼎沸松黄栢茗乳香甌飢餐一粒伽陁藥心地調和倚石頭

丹丘迥聳與雲齊空裏五峯遥望低鴈塔高排出青嶂禪林古殿入虹蜺風揺松葉赤城秀霧吐中巖仙路迷碧落千山萬仞現藤蘿相接次連谿

千生萬死凡幾生生死來去轉迷盲不識心中無價寶猶似盲驢信脚行

老病殘年百有餘面黄頭白好山居布裘擁質

隨緣過豈羨人間巧樣模心神用盡爲名利百
種貪婪進己軀浮生幻化如燈燼塚内埋身是
有無

世間何事最堪嗟盡是三途造罪楂不學白雲
巖下客一條寒衲是生涯秋到任他林落葉春
來從你樹開花三界横眠閑無事明月清風是
我家

昔年曾到大海遊爲采摩尼誓懇求直到龍宮
深密處金關鎖斷主神愁龍王守護安耳裏劍
客星揮無處搜賈客却歸門内去明珠元在我
心頭

衆星羅列夜明深巖點孤燈月未沈圓滿光華
不磨瑩挂在青天是我心
千年石上古人蹤萬丈巖前一點空明月照時
常皎潔不勞尋討問西東
寒山頂上月輪孤照見晴空一物無可貴天然
無價寶埋在五陰溺身軀
我向前谿照碧流或向巖邊坐磐石心似孤雲
無所依悠悠世事何須覓
我家本住在寒山石巖棲息離煩緣泯時萬象
無痕跡舒處周流徧大千光影騰輝照心地無
有一法當現前方知摩尼一顆珠解用無方處

處圓
世人何事可吁嗟苦樂交煎勿底涯生死往來
多少劫東西南北是誰家張王李趙權時姓六
道三途事似麻只爲主人不了絕遂招遷謝逐
迷邪
余家本住在天台雲路煙深絕客來千仞巖巒
深可遯萬重谿澗石樓臺樺巾木屐沿流步布
裘藜杖繞山迴自覺浮生幻化事逍遙快樂實
善哉
憐底衆生病餐嘗略不猒蒸豚搵蒜醬炙鴨點
椒鹽去骨鮮魚膾兼皮熟肉臉不知他命苦只

取自家甜

讀書豈免死讀書豈免貧何以好識字識字勝他人丈夫不識字無處可安身黃連揾蒜醬忘計是苦辛

我見瞞人漢如籃盛水走一氣將歸家籃裏何曾有我見被人瞞一似園中韭日日被刀傷天生還自有

不見朝垂露日爍自消除人身亦如此閻浮是寄居切莫因循過且令三毒祛菩提即煩惱盡令無有餘

水清澄澄瑩徹底自然見心中無一事水清衆

獸現心若不妄起永劫無改變若能如是知是知無背面

自從到此天台境經今早度幾冬春山水不移人自老見却多少後生人

說食終不飽說衣不免寒飽喫須是飯著衣方免寒不解審思量只道求佛難迴心即是佛莫向外頭看

可畏輪迴苦往復似翻塵蟻巡環未息六道亂紛紛改頭換面孔不離舊時人速了黑暗獄無令心性昏

可畏三界輪念念未曾息纔始似出頭又却遭

沈溺假使非非想蓋緣多福力爭似識眞源一得即永得

昨日遊峯頂下窺千尺崖臨危一株樹風擺兩枝開雨漂即零落日曬作塵埃嗟見此茂秀今爲一聚灰

自古多少聖叮嚀教自信人根性不等高下有利鈍眞佛不肯認置功枉受困不知清淨心便是法王印

我聞天台山山中有琪樹永言欲攀之莫曉石橋路緣此生悲歎幸居將已暮今日觀鏡中颯颯鬢垂素

養子不經師不及都亭鼠何曾見好人豈聞長者語爲染在薰蕕應須擇朋侶五月販鮮魚莫教人笑汝

徒閉蓬門坐頻經石火遷唯聞人作鬼不見鶴成仙念此那堪說隨緣須自憐迴瞻郊郭外古墓犂爲田

時人見寒山各謂是風顛貌不起人目身唯布裘纏我語他不會他語我不言爲報往來者可來向寒山

自在白雲閑從來非買山下危須策杖上險捉藤攀澗底松常翠谿邊石自斑友朋雖阻絕春

至鳥唷唷
我在村中住衆推無比方昨日到城下却被狗
形相或嫌袴太窄或說衫少長攣却鷂子眼雀
兒舞堂堂
死生元有命富貴本由天此是古人語吾今非
謬傳聰明好短命癡騃却長年鈍物豐財寶醒
醒漢無錢
國以人爲本猶如樹因地地厚樹扶疎地薄樹
憔悴不得露其根枝枯子先墜決陂以取魚是
取一期利
衆生不可說何意許顛邪面上兩惡鳥心中三

毒虵是渠作障礙使你事煩拏舉手高彈指南
無佛陁耶

自樂平生道煙蘿石洞間野情多放曠長伴白
雲閑有路不通世無心孰可攀石牀孤夜坐圓
月上寒山

大海水無邊魚龍萬萬千遞互相食噉冗冗癡
肉團爲心不了絕妄想起如煙性月澄澄朗廓
爾照無邊

自見天台頂孤高出衆羣風搖松竹韻目覩海
潮頻下望山青際談玄有白雲野情便山水本
志慕道倫

三五癡後生作事不眞實未讀十卷書強把雌黄筆将他儒行篇喚作賊盜律脱體似蟫蟲齩破他書帙

心高如山嶽人我不伏人解講圍陁典能談三教文心中無慚愧破戒違律文自言上人法稱爲第一人愚者皆讚歎智者撫掌笑陽餤虛空花豈得免生老不如百不解靜坐絕憂惱

如許多寶貝海中乗壞舸前頭失却桅後頭又無柂宛轉任風吹高低隨浪皷如何得到岸努力莫端坐

我見凡愚人多畜資財穀飲酒食生命謂言我

富足莫知地獄深唯求上天福罪業如毗富豈
得免灾毒財主忽然死爭共當頭哭供僧讀文
疏空是鬼神禄福田一箇無虛設一羣禿不如
早覺悟莫作黑暗獄狂風不動樹心真無罪福
寄語冗冗人叮嚀再三讀

勸你三界子莫作勿道理理短被他欺理長不
柰你世間濁濫人恰似黍粘子不見無事人獨
脫無能比早須返本源三界任緣起清淨入如
流莫飲無明水

三界人蠢蠢六道人茫茫貪財愛婬欲心惡若
豺狼地獄如箭射極苦若爲當冗冗過朝夕都

不別賢良好惡揔不識猶如豬及羊共語如木石嫉妬似顛狂不自見己過如豬在圈卧不知自償債却笑牛牽磨

人生在塵蒙恰似盆中蟲終日行遶遶不離其盆中神仙不可得煩惱計無窮歲月如流水須臾作老翁

寒山出此語復似顛狂漢有事對面說所以足人怨心真出語直直心無背面臨死度柰河誰是嘍囉漢冥冥泉臺路被業相拘絆

我見多知漢終日用心神歧路逞嘍囉欺謾一切人唯作地獄滓不修正直因忽然無常至定

知亂紛紛
寄語諸仁者復以何爲懐達道見自性自性即
如來天眞元具足修證轉差迴棄本却逐末只
守一場歡
世有一般人不惡又不善不識主人公隨客處
處轉因循過時光渾是癡肉臠雖有一靈臺如
同客作漢
常聞釋迦佛先受然燈記然燈與釋迦只論前
後智前後體非殊異中無有異一佛一切佛心
是如來地
常聞國大臣朱紫簪纓祿富貴百千般貪榮不

知辱奴馬滿宅舍金銀盈帑屋癡福暫時扶埋
頭作地獄忽死萬事休男女當頭哭不知有禍
殃前路何疾速家破冷颼颼食無一粒粟凍餓
苦悽悽良由不覺觸

上人心猛利一聞便知妙中流心清淨審思云
甚要下士鈍暗癡頑皮最難裂直得血淋頭始
知自摧滅看取開眼賊鬧市集人決死屍棄如
塵此時向誰說男兒大丈夫一刀兩段截人面
禽獸心造作何時歇

我有六兄弟就中一箇惡打伊又不得罵伊又
不著處處無奈何耽財好婬殺見好埋頭愛貪

心過羅刹阿爺惡見伊阿孃嫌不悅昨被我捉得惡罵恣情掣趂向無人處一一向伊說汝今須改行覆車須改轍若也不信受共汝惡合殺汝受我調伏我共汝覓活從此盡和同如今過菩薩學業攻鑪冶鍊盡三山鐵至今靜恬恬衆人皆讃說

昔日極貧苦夜夜數他寶今日審思量自家須營造掘得一寶藏純是水精珠大有碧眼胡密擬買將去余即報渠言此珠無價數

一生慵懶作憎重只便輕他家學事業余持一卷經無心裝褾軸來去省人擎應病則說藥方

便度衆生但自心無事何處不惺惺

我見出家人不入出家學欲知真出家心淨無繩索澄澄孤玄妙如如無倚託三界任縱橫四生不可泊無爲無事人逍遥實快樂

昨到雲霞觀忽見仙尊士星冠月帔橫盡云居山水余問神仙術云道若爲比謂言靈無上妙藥必神祕守死待鶴來皆道乘魚去余乃返窮之推尋勿道理但看箭射空須臾還墜地饒你得仙人恰似守屍鬼心月自精明萬像何能比欲知仙丹術身內元神是莫學黄巾公巾一云石握愚自守擬

余家有一宅其宅無正主地生一寸草水垂一
滴露火燒六箇賊風吹黑雲兩子細尋本人布
褭真珠爾

傳語諸公子聽說石齊奴僮僕八百人水碓三
十區舍下養魚鳥樓上吹笙竽伸頭臨白刃癡
心爲緑珠

何以長惆悵人生似朝菌那堪數十年親舊凋
落盡以此思自哀哀情不可忍柰何當柰何託
體歸山引

繿縷關前業莫訶今日身若言由冢墓箇是極
癡人到頭君作鬼豈令男女貧皎然易解事作

麼無精神

我見黃河水凡經幾度清水流如急箭人世若浮萍癡屬根本業無明煩惱阬輪迴幾許劫只爲造迷盲

二儀既闢人乃居其中迷汝即吐霧醒汝即吹風惜汝即富貴奪汝即貧窮碌碌羣漢子萬事由天公

余勸諸稚子急離火宅中三車在門外載你免飄蓬露地四衢坐當天萬事空十方無上下來去任西東若得箇中意縱横處處通

可歎浮生人悠悠何日了朝朝無閑時年年不

覺老摠爲求衣食令心生煩惱擾擾百千年去來三惡道

時人尋雲路雲路杳無蹤山高多險峻澗闊少玲瓏碧嶂前兼後白雲西復東欲知雲路處雲路在虛空

寒山棲隱處絕得雜人過時逢林內鳥相共唱山歌瑞草聯谿谷老松枕嵯峩可觀無事客憩歇在巖阿

五嶽俱成粉須彌一寸山大海一滴水吸入在心田生長菩提子徧蓋天中天語汝慕道者慎莫繞十纏

無衣自訪覓莫共狐謀裘無食自采取莫共羊
謀羞借皮兼借肉懷歎復懷愁皆緣義失所衣
食常不周

自羨山間樂逍遙無倚託逐日養殘軀閑思無
所作時披古佛書往往登石閣下窺千尺崖上
有雲盤泊寒月冷颼颼身似孤飛鶴

我見轉輪王千子常圍繞十善化四天莊嚴多
七寶七寶鎮隨身莊嚴甚妙好一朝福報盡猶
若棲蘆鳥還作牛領蟲六趣受業道況復諸凡
夫無常豈長保生死如旋火輪迴似麻稻不解
早覺悟爲人枉虛老

平野水寬闊丹丘連四明仙都最高秀羣峯聳
翠屏遠遠望何極矹矹勢相迎獨標海隅外處
處播嘉名

可貴一名山七寶何能比松月颼颼冷雲霞片
片起㕘匝幾重山迴還多少里谿澗靜澄澄快
活無窮已

我見世間人生而還復死昨朝猶二八壯氣胷
襟士如今七十過力困形憔悴恰似春日花朝
開夜落爾

迥聳霄漢外雲裏路岧嶢瀑布千丈流如鋪練
一條下有棲心窟橫安定命橋雄雄鎮世界天

台名獨超
盤陀石上坐谿澗冷淒淒靜翫偏嘉麗虛巖蒙
霧迷怡然憩歇處日斜樹影低我自觀心地蓮
花出淤泥
隱士遁人間多向山中眠青蘿踈麓麓碧澗響
聯聯騰騰且安樂悠悠自清閑免有染世事心
靜如白蓮
寄語食肉漢食時無逗遛今生過去種未來今
日修只取今日美不畏來生憂老鼠入飯瓮雖
飽難出頭
自從出家後漸得養生趣伸縮四肢全勤聽六

根具褐衣隨春冬糲食供朝暮今日懇懇修願
與佛相遇

五言五五百篇七字七十九三字二十一都來六
百首一例書巖石自誇云好手若能會我詩眞
是如來母

世事繞悠悠貪生早晚休研盡大地石何時得
歇頭四時周變易八節急如流爲報火宅主露
地騎白牛

可笑五陰窟四蛇同共居黑暗無明燭三毒遞
相驅伴黨六箇賊劫掠法財珠斬却魔軍輩安
泰湛如蘇

常聞漢武帝爰及秦始皇俱好神仙術延年竟不長金臺既摧折沙丘遂滅亡茂陵與驪嶽今日草茫茫

憶得二十年徐步國清歸國清寺中人盡道寒山癡癡人何用疑疑不解尋思我尚自不識是伊爭得知低頭不用問問得復何爲有人來罵我分明了了知雖然不應對却是得便宜

語你出家輩何名爲出家奢華求養活繼綴族姓家美舌甜脣觜諂曲心鉤加終日禮道場持經置功課鑪燒神佛香打鐘高聲和六時學客舂晝夜不得卧只爲愛錢財心中不脫灑見他

高道人却嫌誹謗罵驢屎比麝香苦哉佛陁耶

又見出家兒有力及無力上上高節者鬼神欽道德君王分輦坐諸侯拜迎逆堪爲世福田世人須保惜下下低愚者詐現多求覓濁濫即可知愚癡愛財色著却福田衣種田討衣食作債稅牛犂爲事不忠直朝朝行弊惡往往痛臀脊不解善思量地獄苦無極一朝著病纏三年卧牀席亦有眞佛性翻作無明賊南無佛陁耶遠遠求彌勒

寒巖深更好無人行此道白雲高岫閑青嶂孤猨嘯我更何所親暢志自宜老形容寒暑遷心

珠甚可保
巖前獨靜坐圓月當天耀萬象影現中一輪本
無照廓然神自清含虛洞玄妙因指見其月月
是心樞要
本志慕道倫道倫常獲親時逢杜源客每接話
禪賓談玄月明夜探理日臨晨萬機俱泯迹方
識本來人
元非隱逸士自號山林人仕魯蒙幘帛且愛裹
踈巾道有巢許操恥爲堯舜臣獼猴罩帽子學
人避風塵
自古諸哲人不見有長存生而還復死盡變作

灰塵積骨如毗富别淚成海津唯有空名在豈免生死輪

今日巖前坐坐久煙雲收一道清谿冷千尋碧嶂頭白雲朝影靜明月夜光浮身上無塵垢心中那更憂

千雲萬水間中有一閑士白日遊青山夜歸巖下睡倏爾過春秋寂然無塵累快哉何所依靜若秋江水

勸你休去來莫惱他閻老失脚入三途粉骨遭千擣長爲地獄人永隔今生道勉你信余言識取衣中寶

世間一等流誠堪與人笑出家弊已身誑俗將爲道雖著離塵衣衣中多養蚤不如歸去來識取心王好

高高峯頂上四顧極無邊獨坐無人知孤月照寒泉泉中且無月月自在青天吟此一曲歌歌終不是禪

有箇王秀才笑我詩多失云不識蜂腰仍不會鶴膝平側不解壓凡言取次出我笑你作詩如盲徒詠曰

我住在村鄉無爺亦無孃無名無姓第人喚作張王並無人教我貧賤也尋常自憐心的實堅

固等金剛
寒山出此語此語無人信蜜甜足人嘗黃蘗苦
難近順情生喜悅逆意多瞋恨但看木傀儡弄
了一場困
我見人轉經依他言語會口轉心不轉心口相
違背心眞無委曲不作諸纏蓋但且自省躬莫
覓他替代可中作得主是知無內外
寒山唯白雲寂寂絕埃塵草座山家有孤燈明
月輪石牀臨碧沼虎鹿每爲鄰自羨幽居樂長
爲象外人
鹿生深林中飲水而食草伸脚樹下眠可憐無

煩惱繫之在華堂餔饍極肥好終日不肯嘗形
容轉枯槁
花上黄鸎子喧喧聲可憐美人顔似玉對此弄
鳴絃翫之能不足眷戀在齠年花飛鳥亦散灑
淚秋風前
棲遲寒巖下偏訝最幽奇攜籃采山茹挈籠摘
果歸蘇齋敷茅坐啜啄食紫芝清沼濯瓢鉢雜
和煑稠稀當陽擁裘坐閑讀古人詩
昔日經行處今復七十年故人無來往埋在古
冢間余今頭已白猶守片雲山爲報後來子何
不讀古言

欲向東巖去于今無量年昨來攀葛上半路困風煙徑窄衣難進苔粘履不前住兹丹桂下且枕白雲眠

我見利智人觀者便知意不假尋文字直入如來地心不逐諸緣意根不妄起心意不生時内外無餘事

身著空花衣足躡龜毛履手把兎角弓擬射無明鬼

君看葉裏花能得幾時好今日畏人攀明朝待誰掃可憐嬌豔情年多轉成老將世比於花紅顏豈長保

桂棟非吾宅松林是我家一生俄爾過萬事莫
言賒濟渡不造筏漂淪爲采花善根今未種何
日見生芽

出生三十年當遊千萬里行江青草合入塞紅
塵起鍊藥空求仙讀書兼詠史今日歸寒山枕
流兼洗耳

寒山無漏巖其巖甚濟要八風吹不動萬古人
傳妙寂寂好安居空空離譏誚孤月夜長明圓
日常來照虎丘兼虎谿不用相呼召世間有王
傳莫把同周邵我自遯寒巖快活長歌笑

沙門不持戒道士不服藥自古多少賢盡在青

山脚
有人笑我詩我詩合典雅不煩鄭氏箋豈用毛
公解不恨會人稀只爲知音寡若遣趂宫商余
病莫能罷忽遇明眼人即自流天下
三字詩六首
寒山道無人到若能行稱十號有蟬鳴無鴉噪
黄葉落白雲掃石磊磊山隩隩我獨居名善導
子細看何相好
寒山寒冰鎖石藏山青現雪白日出照一時釋
從兹暖養老客
我居山勿人識白雲中常寂寂

寒山深稱我心純白石勿黃金泉聲響撫伯琴
有子期辨此音
重巖中足清風扇不搖涼冷通明月照白雲籠
獨自坐一老翁
寒山子長如是獨自居不生死

拾遺二首新添

我見世間人箇箇爭意氣一朝忽然死只得一
片地闊四尺長丈二汝若會出來爭意氣我與
汝立碑記
家有寒山詩勝汝看經卷書放屏風上時時看
一徧 已上詩除拾遺二首老僧相傳其外切依古印本排比次第耳

豐干禪師録

道者豐干未窮根裔古老見之居于天台山國清寺翦髮齊眉毳裘擁質緇素問鞠乃云隨時貌悴昂藏恢端七尺唯攻舂米供僧夜則扃房吟詠自樂郡縣諳知咸謂風僧或發一言異於常流忽爾一日騎虎松徑來入國清巡廊唱道衆皆驚訝怕懼悝然並欽其德昔京輦與胤救疾到任丹丘跡無追訪賢人隱遯示化東甌唯於房中壁上書曰

余自來天台　凡經幾萬迴　一身如雲水
悠悠任去來　逍遥絶無閙　忘機隆佛道

世途歧路心　衆生多煩惱　兀兀沈浪海
漂漂輪三界　可惜一靈物　無始被境埋
電光瞥然起　生死紛塵埃　寒山特相訪
拾得罕期來　論心話明月　太虛廓無礙
法界即無邊　一法普徧該
本來無一物　亦無塵可拂　若能了達此　不用坐
兀兀

拾得錄

豐干禪師寒山拾得者在唐太宗貞觀季中相次垂跡於國清寺拾得者豐干禪師因遊松徑徐步於赤城道路側偶而聞啼乃尋其由見一

子可年十歲初謂彼村牧牛之子委問逗遛云我無舍無姓遂引至寺付庫院俟人來認數旬之間絶其親鞫乃令事知庫僧靈熠經于三祀頗會人言令知食堂香燈供養忽於一日與像對坐佛盤同餐復于聖僧前云小果之位喃喃呵俚而言傷哉熠謂老宿等此子心風無令下供養乃令厨内洗濾器物每澄食滓而以筒盛寒山子來負之而去或發一言我有一珠埋在陰中無人別者衆謂癡子寺内山王僧常參奉及下供養香燈等務食物多被烏所耗忽一夜僧衆同夢見山王云拾得打我嗔云汝是神道

守護伽藍更受沙門參奉供養既有靈驗何以食被鳥殘今後不要僧參奉供養至旦僧衆上堂各説所夢皆無一差靈熠亦然喧喧未止熠下供養忽見山王身上而有杖痕所損熠乃報衆衆皆奔看各云夜夢斯事乃知拾得不是凡間之子一寺紛紜具狀申州報縣符下賢士遯跡菩薩化身宜令號爲拾得賢士（自此後常使淨人直香火供養）又於莊頭牧牛歌詠叫天又因半月布薩衆僧説戒法事合時拾得驅牛至堂前倚門而立撫掌微笑曰悠悠哉聚頭作相這箇如何老宿律德怒而呵云下人風狂破於説戒拾得笑而

言曰無瞋即是戒心淨即出家我性與汝合一切法無差尊宿出堂打趂拾得令驅牛出去拾得言我不放牛也此羣牛皆是前生大德知事人咸有法號喚者皆認時拾得一一喚牛云前生律師弘靖出時一白牛作聲而過又喚前生典座光超出時一黑牛作聲而過又喚直歲靖本出時一牯牛作聲而出又喚云前生知事法忠出時一牯牛作聲而出乃獨牽謂牛曰前生不持戒人面而畜心汝今招此咎怨恨於何人佛力雖然大汝辜於佛恩大衆驚訝怔然因茲又報州縣使令入州不赴召命盡代人仰因此

顯現寺衆徬徨咸歎菩薩來於人世聊纂實録
貴不墜爾兼於土地堂辟上書語數聯貴示後
人乃集語曰

東洋海水清　水清復見底　靈源涌法泉
斫水無刀痕　我見頑嚚士　燈心柱須彌
寸樵煑大海　甲抹大地石　烝砂豈成飯
磨甎將作鏡　説食終不飽　直須著力行
恢恢大丈夫　堂堂六尺士　枉死埋冢間
可惜孤標物　不見日光明　照耀於天下
太清廓落洞　明月可然貴　余本住無方
盤泊無爲理　時陟涅槃山　徐步香林裏

左手握驪珠　右手執摩尼　莫耶未足刃
智劍斬六賊　般若酒清泠　飲啄澄神思
余閑來天台　尋人人不至　寒山同爲侶
松風水月間　何事最幽邃　唯有遯居人
悠悠三界主　古佛路棲棲　無人行至此
今跡誰不躡　旋機滯凡累　可畏生死輪
輪之未曾息　嗟彼六趣中　茫茫諸迷子
人懷天眞佛　大寶心珠祕　迷盲沈沈流
汨没何時出

拾得自閭丘太守拜後同寒山子把手走出寺
跡隱後因國清僧登南峯采薪遇一僧似梵儀

持錫入巖挑鎖子骨而去乃謂僧曰取拾得舍利僧遂白寺衆衆方委拾得在此巖入滅乃號爲拾得巖在寺東南隅登山二里餘地聊錄如前貴示後人矣

拾得詩

諸佛留藏經只爲人難化不唯賢與愚箇箇心搆架造業大如山豈解懷憂怕那肯細尋思日夜懷姧詐

嗟見世間人箇箇愛喫肉椀楪不曾乾長時道不足昨日設箇齋今朝宰六畜都緣業使牽非干情所欲一度造天堂百度造地獄閻羅使來追合家盡啼哭鑪子邊向火鑊子裏澡浴更得出頭時換却汝衣服

出家要清閑清閑即爲貴如何塵外人却入塵埃裏一向迷本心終朝役名利名利得到身形

容已顦顇況復不遂者虛用平生志可憐無事
人未能笑得尒
養兒與取妻養女求媒娉重重皆是業更殺衆
生命聚集會親情揔來看盤飣目下雖稱心罪
簿先注定
得此分段身可笑好形質面貌似銀盤心中黑
如漆烹猪又宰羊誇道甜如蜜死後受波吒更
莫稱寃屈
佛哀三界子揔是親男女恐沈黑暗阬示儀垂
化度盡登無上道俱證菩提路教汝癡衆生慧
心勤覺悟

佛捨尊榮樂爲愍諸癡子早願悟無生辦集無上事後來出家者多緣無業次不能得衣食頭鑚入於寺嗟見世間人永劫在迷津不省這箇意修行徒苦辛

我詩也是詩有人喚作偈詩偈揔一般讀時須子細緩緩細披尋不得生容易依此學修行大有可笑事

有偈有千萬卒急述應難若要相知者但入天台山巖中深處坐說理及談玄共我不相見對面似千山

世間億萬人面孔不相似借問何因緣致令遺
如此各執一般見互説非兼是但自修己身不
要言他己

男女爲婚嫁俗務是常儀自量其事力何用廣
張施取債誇人我論情入骨癡殺他雞犬命身
死墮阿鼻

世上一種人出性常多事終日傍街衢不離諸
酒肆爲他作保見替他説道理一朝有乖張過
咎全歸你

我勸出家輩須知教法深專心求出離輙莫染
貪婬大有俗中士知非不愛金故知君子志任

運聽浮沈
寒山住寒山拾得自拾得凡愚豈見知豐干却
相識見時不可見覓時何處覓借問有何緣向
道無爲力
從來是拾得不是偶然稱別無親眷屬寒山是
我兄兩人心相似誰能徇俗情若問年多少黃
河幾度清
若解捉老鼠不在五白猫若能悟理性那由錦
繡包眞珠入席袋佛性止蓬茅一羣取相漢用
意揔無交
運心常寛廣此則名爲布輟己惠於人方可名

爲施後來人不知焉能會此義未設一庸僧早
擬望富貴
獮猴尚教得人何不憤發前車既落阬後車須
改轍若也不知此恐君惡合殺此來是夜义變
即成菩薩
君不見三界之中紛擾擾只爲無明不了絕一
念不生心澄然無去無來不生滅
故林又斬新剡源谿上人天姥峽關嶺通同次
海津灣深曲島間淼淼水雲雲借問嵩禪客日
輪何處瞰
自笑老夫筋力敗偏戀松巖愛獨遊可歎往年

至今日任運還同不繫舟
一入雙谿不計春鍊暴黄精幾許斤鑪竈石鍋頻煑沸土甑久烝氣味珍誰來幽谷餐仙食獨向雲泉更勿人延齡壽盡招手石（一作拍手去）此棲終不出山門

躑躅一羣羊沿山又入谷看人貪竹塞且遭豺狼牧元不出孳生便將充口腹從頭喫至尾餉餉無餘肉

銀星釘稱衡緑絲作稱紐買人推向前賣人推向後不顧他心怨唯言我好手死去見閻王背後插掃箒

閑門私造罪準擬免災殃被他惡部童抄得報
閻王縱不入鑊湯亦須臥鐵牀不許雇人替自
作自身當

悠悠塵裏人常道塵中樂我見塵中人心生多
慜顧何哉慜此流念彼塵中苦

無去無來本湛然不居內外及中間一顆水精
絶瑕翳光明透滿出人天

少年學書劒叱馭到荆州聞伐匈奴盡婆娑無
處遊歸來翠巖下席草翫清流壯士志未騁獼
猴騎土牛

三界如轉輪浮生若流水蠢蠢諸品類貪生不

覺死汝看朝垂露能得幾時子

閑入天台洞訪人人不知寒山爲伴侶松下噉靈芝每談今古事嗟見世愚癡箇箇入地獄早晚出頭時

古佛路凄凄愚人到却迷只緣前業重所以不能知欲識無爲理心中不掛絲生生勤苦學必定覩天師

各有天真佛號之爲寶王珠光日夜照玄妙卒難量盲人常兀兀那肯怕灾殃唯貪婬泆業此輩實堪傷

出家求出離哀念苦衆生助佛爲揚化令教選

路行何曾解救苦恣意亂縱横一時同受溺俱
落大深阬
常飲三毒酒昏昏都不知將錢作夢事夢事成
鐵圍以苦欲捨苦捨苦無出期應須早覺悟覺
悟自歸依
雲山疊疊幾千重幽谷路深絶人蹤碧澗清流
多勝境時來鳥語合人心
後來出家子論情入骨癡本來求解脱却見受
驅馳終朝遊俗舍禮念作威儀博錢沽酒喫翻
成客作兒
若論常快活唯有隱居人林花長似錦四季色

常新或向巖間坐旋瞻見桂輪雖然身暢逸却
念世間人
我見出家人摠愛喫酒肉此合上天堂却沈歸
地獄念得兩卷經欺他道鄽俗豈知鄽俗士大
有根性熟下五首與前長偈語句同
我見頑鈍人燈心柱須彌蟻子齧大樹焉知氣
力微學咬兩莖菜言與祖師齊火急求懺悔從
今輒莫迷
君見月光明照燭四天下圓暉掛太虛瑩淨能
蕭灑人道有虧盈我見無衰謝狀似摩尼珠光
明無晝夜

余住無方所盤泊無爲理時陟涅盤山或翫香林寺尋常只是閑言不干名利東海變桑田我心誰管你

左手握驪珠右手執慧劍先破無明賊神珠自吐燄傷嗟愚癡人貪愛那生猒一墮三途間始覺前程險

般若酒泠泠飲多人易醒余住天台山凡愚那見形常遊深谷洞終不逐時情無思亦無慮無辱也無榮（此下與寒山詩大同小異語意相涉）

自從到此天台寺經今早已幾冬春山水不移人自老見却多少後生人

平生何所憂此世隨緣過日月如逝波光陰石中火任他天地移我暢巖中坐

嗟見多知漢終日枉用心歧路逞嘍囉欺謾一切人唯作地獄滓不修來世因忽爾無常到定知亂紛紛

迢迢山徑峻萬仞險隘危石橋莓苔綠時見白雲飛瀑布懸如練月影落潭暉更登華頂上猶待孤鶴期

松月冷颼颼片片雲霞起匼匝幾重山縱目千萬里谿潭水澄澄徹底鏡相似可貴靈臺物七寶莫能比

世有多解人愚癡學閑文不憂當來果唯知造惡因見佛不解禮覲僧倍生瞋五逆十惡輩三毒以爲鄰死去入地獄未有出頭辰

人生浮世中箇箇願富貴高堂車馬多一呼百諾至吞併他田宅準擬承後嗣未逾七十秋冰消瓦解去

水浸泥彈丸思量無道理浮漚夢幻身百年能幾幾不解細思惟將言長不死誅剝壘千金留將與妻子

雲林最幽棲傍澗枕月谿松拂盤陁石甘泉涌淒淒靜坐偏佳麗虛巖曚霧迷怡然居甜憩地日

以下缺

可笑是林泉數里少人煙雲從巖嶂起瀑布水
潺潺猨啼唱道曲虎嘯出人間松風清颯颯鳥
語聲關關獨步繞石澗孤陟上峯巒時坐盤陀
[illegible]偃仰攀蘿沿遥望城隍處惟聞鬧喧喧此首係别本增入

ISBN 978-7-5010-6366-6
9 787501 063666 >
定價：70.00圓